RENTRÉE

DE LA

CONFÉRENCE DES AVOCATS

DE MARSEILLE

SÉANCE DE RENTRÉE

DE LA

CONFÉRENCE DES AVOCATS

DE MARSEILLE

DE L'INDÉPENDANCE DU BARREAU

Considérations - Aperçu Historique

PAR

Jean ANSALDI

Avocat

---

*Imprimé en vertu de la délibération du Conseil de l'Ordre
du 23 Mars 1923*

MARSEILLE

TYPOGRAPHIE ET LITHOGRAPHIE BARLATIER

17-19, Rue Venture, 17-19

—

1924

DE L'INDÉPENDANCE DU BARREAU

Considérations - Aperçu Historique

Monsieur le Batonnier,
Mes chers Confrères,

Que jeune avocat, j'aie pu penser vous entretenir de vous-mêmes, de cette indépendance du Barreau qui constitue votre caractère et que Monsieur le Bâtonnier proclamait naguère votre gloire, que dans le choix du sujet de ce discours d'usage j'aie pu m'aventurer vers les régions jusqu'ici silencieuses de ce domaine où mes prédécesseurs avaient cherché le sujet de leur entretien, que ce faisant, j'aie pu manifester quelque témérité et encourir votre juste blâme, voilà certes autant de raisons qui me créent le devoir de me justifier.

Il semblait en effet que seules l'expérience et la pondération de nos anciens pussent conférer à l'orateur assez d'autorité pour égaler la grandeur de son sujet, assez de maîtrise de soi pour en adoucir les hardis contours.

Et cependant, sourd aux appels de la raison et de la prudence, j'ai cédé à d'autres suggestions.

Me reprocherez-vous, Messieurs, que magnifiant votre indépendance mon premier geste ait été d'être moi-même indépendant. Et c'est mon premier titre aussi à votre indulgence.

En parcourant la pléiade des grandes figures qui ont illustré le Barreau, dans le désir de faire revivre à vos yeux l'un de ces grands modèles qui ont personnifié nos devoirs professionnels et dont le Palais conserve pieusement les souvenirs et les exemples, une réflexion m'a frappé. Je me suis demandé pourquoi, à toutes les époques, ce fût dans nos rangs que s'étaient rencontrés les hommes les plus remarquables ; j'ai voulu savoir pourquoi notre profession jouissait du merveilleux privilège d'attirer les natures d'élite et pourquoi ceux qui l'avaient quittée, aventuriers de l'idéal, superbes déserteurs de notre Ordre, revenaient lui demander un refuge à leur déception et à leur erreur. Quels pouvaient être, Messieurs, les secrets mobiles de cette attirance et de ce profond attachement ? D'aucuns l'avaient recherché et proclamé, mais nul parmi eux ne l'a su mieux dire que ce chancelier qui fût longtemps des nôtres, le Chancelier d'Aguessau. Ce sévère patriarche en parlant de notre Ordre dans un langage que chacun connaît, affirme qu'il se distingue par un caractère qui lui est propre, et que seul, entre tous les états, il se maintient dans l'heureuse et paisible possession de son indépendance. Et n'était-ce point alors, Messieurs, me laver du reproche d'usurpation que d'essayer en vous parlant de leur indépendance de dresser à ces illustres anciens un monument d'honneur qui leur fût commun !

Une autre considération m'a incité aussi à vous parler de cette vertu primordiale de notre Ordre. Le commerce des jeunes générations comme celui des Anciens la décèle avec force et j'oserai dire que dans les manifestations de nos caractères, à la barre ou dans nos rapports confraternels, elle s'affirme dans toute la spontanéité de sa jeune ardeur, fruste et loyale comme la vérité.

Aussi bien, sommes-nous trop près encore des combats obscurs qui décident d'une vocation, qu'elle jaillisse du tréfonds de notre personnalité ou des beaux exemples parmi lesquels nous avons vécu, pour ne pas sentir que si nous avons souhaité de porter un jour cette robe c'est qu'elle représentait, avant tout, à nos yeux, le symbole même de l'indépendance. Il nous souvient, nouveaux venus parmi vous, de l'enthousiasme qui nous animait naguère au récit des luttes magnifiques que d'illustres avocats avaient soutenues contre l'oppression et contre l'erreur. Avec quelle émotion vibrante nous les suivions dans leur courageuse défense, applaudissant à leur triomphe ou sentant lever en nous-mêmes l'âme farouche des nobles haines contre ceux qui les persécutaient. Et quand nous refermions le livre où semblaient dormir les grands cœurs épris de liberté et de justice des Berryer, des Chaix d'Est-Ange, des Crémieux, des Jules Favre, des Gambetta, longtemps après chantaient dans nos mémoires aux rythmes des belles périodes harmonieuses l'hymne éternel de notre indépendance. Nous vivons aujourd'hui ce rêve qui fût de les imiter. Nous sommes fiers d'appartenir à l'Ordre qu'ils illustrèrent, nous y sommes venus attirés confusément par les échos de leurs voix enthousiastes et à nous mieux interroger nous percevons que c'est dans leur conscience souveraine que nous communions, dans leur conscience qu'ils déclaraient être leur seule mais impérative conseillère.

Il m'a donc semblé que je pouvais à ce titre aussi vous parler de ce sentiment de l'indépendance professionnelle qui nous a conduit parmi vous.

2

*
**

Messieurs, la liberté de la défense, qui est l'émanation la plus directe de notre indépendance, au point de se confondre avec elle dans une heureuse synonimie, est la première garantie, la condition essentielle d'une bonne justice. A l'envi magistrats et avocats l'ont proclamé dans maintes circonstances solennelles et leur communauté d'idées, voire de sentiments, sur cette grande question, ne laisse pas que d'être complète.

S'il importe en effet à la société de se défendre contre les attaques incessantes dont elle est l'objet, elle ne peut toutefois sans violer les lois naturelles et sans compromettre son existence même, dépasser dans l'exercice de ce droit la mesure de la justice. S'il lui importe d'obtenir le châtiment du crime, il lui importe au moins autant d'assurer le triomphe de l'innocence et l'un et l'autre de ces intérêts ont droit à d'égales garanties.

Au nombre de ces garanties l'indépendance du Barreau occupe la première place. C'est elle en effet qui se dresse puissante et fière contre les assauts que la calomnie, la haine ou l'intolérance, ces « maîtresses d'erreurs sombres », dont parlait Renan, tentent de livrer à la liberté, la vie ou la fortune des citoyens ; c'est elle qui permet au défenseur, dans le don complet de soi-même, d'éveiller l'attention du juge sur toutes les circonstances d'une cause, de lutter corps à corps contre les présomptions et les vraisemblances qui accablent, de discuter les preuves et les témoignages ; c'est elle qui veut passionnément qu'un homme ne soit pas réputé coupable par cela seulement qu'il est accusé ; c'est elle enfin qui permet d'arrêter le bras de la justice et de lui épargner de déplorables erreurs. L'asservir serait violer la liberté de la pensée, étouffer la juste plainte et ce cri de la conscience qui s'élève parfois désespéré comme s'il voulait atteindre plus haut que l'humaine justice.

Notre législation pénale reflète çà et là l'éclat de cette vérité et dans la juste pondération qu'elle a cherché à établir entre des intérêts opposés, c'est toujours du côté de la défense que la balance a penché. Au travers de dispositions qui semblent ne pas oser être catégoriques transparaît la préoccupation de cette maxime triviale en soi, mais qui est souvent le thème de nos plaidoieries : L'impunité du coupable est préférable à la condamnation de l'innocent, le doute des juges entraîne l'acquittement du prévenu. Et n'est-ce pas là un de ces grands principes qui nous régissent souvent sans être inscrits dans nos lois et qui pour avoir traversés les siècles sans code et sans charte n'en sont pas moins certains.

Ailleurs c'est l'affirmation très nette de ces vérités : Le partage des voix ne peut entraîner la condamnation, la Cour d'Assises peut apprécier le verdict affirmatif qu'apporte le Jury et s'il lui paraît erroné renvoyer l'affaire à une autre session, l'accusé peut après sa condamnation se pourvoir en cassation, tandis que toute voie de recours est interdite contre un arrêt d'acquittement. C'est enfin la voix de la défense qui s'élève la dernière et c'est à elle qu'il appartient de produire ainsi l'impression la plus déterminante.

Un si rare privilège, consacré par l'opinion universelle au nom de la justice, ne nous a pas été concédé, chacun le sent, au profit de je ne sais quel amour-propre ou quel intérêt particulier. Non, c'est un droit revendiqué pour tous comme la plus sérieuse peut-être des garanties de sécurité et d'ordre dans la société civile. Les dépositaires de ce droit ne l'ont jamais enchaîné au rocher de leurs ambitions, et parce qu'ils l'ont considéré comme une charge très lourde mais très noble de leur état, le vieux Loysel a pu dire que par lui notre Ordre était devenu la « Pépinière des dignités ».

Ainsi le Barreau, chargé par la nature même de son institution d'assurer partout la défense de tous a su, sans faiblesse, veiller avec un zèle jaloux au maintien d'une liberté dont les traditions les plus antiques consacrées aujourd'hui par les lois les plus positives lui ont confié la garde. Pour nous qui avons reçu de nos devanciers ce flambeau de leur honneur, nous nous efforcerons de le transmettre intact à ceux qui nous succèderont, conservant à notre Ordre le rang que nos ancêtres lui ont acquis par leur indépendance, leurs mérites et leurs travaux.

Qui pourrait nier, Messieurs, au point de vue de l'intérêt général et de l'existence même de notre privilège, qu'entre les organes de la justice et les avocats une complète et réciproque liberté de discussion ne soit indispensable. Ne s'étonnerait-on pas en effet d'entendre un représentant de la loi en demander l'application avec mollesse, sans animation, sans un ardent besoin de vindicte publique ? Doit-on s'étonner davantage alors de voir l'autorité de la parole, l'énergie du langage, les ressources de la science, tout l'éclat des plus beaux talents mis au service de ceux qu'accable la plus capitale des accusations. Et ne peut-on pas dire que c'est l'honneur des plus grands avocats d'avoir défendu les plus grands coupables.

Le Ministère Public est resté sous le Code d'Instruction criminelle, partie poursuivante, adversaire du prévenu. Devant le tribunal il doit comparaître comme toute autre partie, faire ses preuves, et justifier sa demande. C'est dans ces conditions seulement que la lutte peut s'engager à armes égales avec le défenseur de l'inculpé. Aux temps barbares des combats judiciaires qu'évoquait l'an dernier à cette place avec tant de talent et d'érudition notre confrère et ami Me Carabelli, « quand « un gentilhomme appelait un vilain il devait se pré- « senter à pied et avec le bâton, et s'il venait à cheval « et avec les armes d'un gentilhomme, on lui ôtait son « cheval et ses armes ; il restait en chemise et obligé de « combattre dans cet état contre le vilain ».

Ces pratiques impartiales et d'une sauvage égalité sont le signe d'un instinct de droiture et de justice de ces âges grossiers que nous serions surpris de ne plus retrouver au stade de notre actuelle civilisation. Il ne faut pas que l'un des champions de la lice judiciaire ait plus d'autorité et plus de liberté que son contradicteur.

Si l'intérêt général, social, exige notre indépendance elle n'est pas moins indispensable à la sauvegarde de l'intérêt individuel, et c'est à la méditation de cette vérité que l'on pourrait convier ceux-là même qui pensent régler les conditions de la lutte sur les bases de l'ascendant d'une part et de la subordination de l'autre. Le Capitole est si près de la Roche Tarpéienne ! Dans cette sorte de lutte qui s'élève parfois au cours d'un débat entre l'avocat et le tribunal qui l'écoute, l'un revendique le droit de parler et l'autre lui impose l'obligation de se taire ou de ne parler que comme il lui plait. L'autorité est toujours d'un côté, mais la raison peut être quelquefois de l'autre. La directive à laquelle l'avocat doit aveuglément se confier dans le débat est celle qui le mènera toujours à la défense complète, sans contrainte, sans gêne, des intérêts de son client. C'est ce principe qui doit régir la conduite du défenseur.

L'ardeur légitime que nous apportons à le maintenir a suscité chez certaines gens l'impudente calomnie qui voudrait nous assimiler à ceux que nous défendons. M. Brieux, l'auteur de maintes pièces à thèses, a posé le problème dans une œuvre récente que vous connaissez. *Et philosophi certant !* D'autres ont écrit : « Que les « avocats ne pouvaient pas défendre les accusés de « certains crimes sans se rendre pour ainsi dire leurs « complices ». Et d'aucuns ont dénié les services que pouvaient rendre à la société « ces avocats dont la prin- « cipale occupation est de revendiquer pour eux des « hommes qu'elle repousse de son sein ». Injuste et cruel discours ! Aux yeux de ces sophistes un accusé est donc nécessairement un coupable et il suffit d'être pour- suivi pour être condamné. Ne voient-ils donc pas que l'esprit humain n'arrive qu'à tâtons et au prix de quels efforts à se rapprocher de la vérité absolue et que dans cette accession difficile, nul guide ne saurait être écarté. Pourquoi faut-il que cette trilogie de l'accusateur, du défenseur et du juge qui les départage, ne leur appa- raisse point comme conforme aux exigences de la plus scrupuleuse raison. Ah ! que ces persifleurs changeraient promptement d'avis s'ils étaient quelque jour l'objet d'une accusation. Et combien alors ils trouveraient natu- rel d'appeler au secours de leur cause un des membres les plus éminents de notre Ordre. Vous devinez, Mes- sieurs, leurs protestations véhémentes, leurs cris à

l'injustice si partageant les préventions qui les accablent, aucun de vous ne répondait à leur appel. Et c'est
votre abandon qu'ils qualifieraient alors d'immoral.

S'il est vrai que la morale ait quelques mots à dire sur
ce point, qu'il me soit permis de m'en rapporter à l'opinion de l'un de ceux à qui l'on accorde une rigide
intransigeance. Le Grand Cicéron disait qu'il fallait
« accuser » rarement et ne point « quêter des victimes
pour la justice ».

« Mais quand il s'agit de défendre, s'écrie-t-il, il ne
« faut pas être si strict, ni se faire un scrupule de se
« charger quelquefois de la cause d'un homme coupa
« ble. L'intérêt du grand nombre le demande, l'usage le
« permet et l'humanité le comporte. Le juge ne doit
« chercher que le vrai, l'orateur se contente de la pro
« babilité. La gloire et la bienveillance publique sont le
« prix de celui qui défend les accusés, surtout s'il
« exerce son zèle en faveur de ceux qui sont opprimés
« par un homme puissant ». Ajoutons pour être de notre
époque : S'il les défend contre l'omnipotence de l'opinion publique, celte souvent aveugle et injuste accusatrice.

C'est elle cependant qui exige que toutes les garanties
de la loi entourent la sentence du juge et qui ne craint
pas d'en contester la légalité, si la plus secondaire de ces
garanties a pu être négligée. Permettez-moi de rappeler
à ce sujet les paroles de M. le Procureur général Dupin :
« Quand le crime est légalement prouvé, les accusés
pleinement convaincus, que leur défense a été épuisée,
c'est alors que la punition est efficace parce que le
peuple, convaincu lui même de leur culpabilité, unit ses
exécrations à la sentence des juges. Mais si, au contraire,

on s'est contenté de présomptions vagues, d'indices peu certains, de conjectures hasardées, si l'on a négligé quelques formes, si l'accusé n'a pas été traduit devant ses juges naturels, que son avocat ait été interrompu, brusqué, rabroué, l'effet est manqué, et le même peuple passant subitement de la colère à la commisération, cesse d'applaudir à la mort des coupables pour plaindre le sort de ceux qu'il regarde comme illégalement condamnés ».

Je veux supposer un instant à mon tour qu'animé du seul désir de plaire à l'opinion publique et obéissant à la crainte d'être confondus par elle avec l'accusé, nous refusions notre Ministère à ceux qu'elle traîne pantelants au sein des prétoires. Nous obtiendrons alors la trêve des insinuations de « complicité », de ces jugements spécieux qui sont des insultes à la bonne foi et au bon sens. Mais à quel prix ! Celui de notre déshonneur. Que pourrions-nous répondre à ceux qui nous accuseraient avec infiniment de raison, de manquer de courage civique, d'être incapables de sacrifice et de faillir à notre conscience ! Et si, par un effet de la justice immanente qui semble se complaire à provoquer ces revirements soudains de l'opinion publique, nous nous trouvions face à face avec les reproches véhéments de trahison et d'abandon dont elle ne manquerait pas de nous abreuver, accepterait-elle la seule justification que nous pourrions lui apporter : Celle d'avoir voulu lui plaire. L'Histoire nous a déjà répondu. Cessons, Messieurs, de nous attarder à ces vaines suppositions que la réalité a rarement connues et qui sont bien plutôt le fruit d'une simple forme de raisonnement. L'on n'a jamais vu le Barreau manquer à ce point à la société, ni la société méconnaître ainsi les services du Barreau. Il a toujours été honorable de défendre un accusé pour ceux qui les ont honorablement défendus. L'estime publique a été la récompense des plus nobles dévouement comme aussi bien la flétrissure de l'opinion a entaché la mémoire de ceux qu'une lâche pusillanimité avait éloignés de leur devoir.

L'obligation qui relève de notre seule conscience de défendre tous ceux dont les intérêts les plus divers sont menacés, ne doit jamais nous faire oublier que nous sommes avant tout les organes de la justice. J'entends par là que si nous sommes tenus *in globo* de défendre un accusé, quelle que soit l'horreur de son crime et l'indignation qu'ont soulevée ces actes, nous devons garder chacun, dans l'acceptation ou le refus d'une cause comme dans le choix, la portée, la mise en œuvre des moyens de défense, la plus complète indépendance. Laroche-Flavin disait : « Les avocats ne furent jamais introduits au siège de justice pour faire gagner les causes de leurs clients, *ains pour en suivre ce que disoit un fameux advocat, n'avoir jamais conclu en cause escrivant ou plaidant qu'il neust vouleu juger suivant les conclusions par lui prinses en icelle, s'il en eust été juge* ».

Le temps de l'ancienne Rome n'est plus ou la dignité d'avocat constituant un « patronage » le client pouvait exiger comme un droit non seulement le conseil et l'appui de son avocat, mais aussi son entière protection, laquelle, comme chacun le sait, allait même jusqu'à l'obligation pour nos malheureux confrères de doter les filles de leurs clients. Il est vrai qu'en retour ceux-ci leur

témoignaient dévouement et reconnaissance. Aujour-
d'hui, le ministère de l'avocat est essentiellement libre.
Il peut, sans donner de motif, refuser la cause qui lui est
présentée. C'est un principe fondamental de notre
Ordre. Il était cependant nécessaire au risque d'affaiblir
cet autre principe que nous connaissons du droit absolu
pour chacun d'être défendu, de le tempérer par une
exception capitale qui en assure toute la portée. Cette
exception, votre sens de nos règles vous l'a déjà sugge-
rée, est celle des causes d'office. S'agit-il d'une affaire
civile, si la cause ne paraît pas soutenable quel sera le
rôle de l'avocat nommé d'office : il doit se borner à
exposer les prétentions de son client sans les étayer de
ses propres convictions, mais aussi sans les déconsidérer
aux yeux des juges. On ne peut lui demander rien de
plus. Mais si la loi ne lui fait pas une obligation d'assurer cette défense, elle est néanmoins commandée par les
usages et les devoirs de l'Ordre. Les défenseurs d'office
ont d'ailleurs d'illustres devanciers. Je citerai : De Sèze
qui défendit Louis XVI, Chauveau-Lagarde et Tronson-
Ducoudray qui défendirent la Reine,

Des raisons particulières peuvent dans les autres causes conseiller cependant l'abstention pure et simple.
L'avocat doit-il alors soumettre ces motifs au Conseil de
l'Ordre ? Si l'on considère que la loi, par son article 294
du Code d'Instruction criminelle, crée dans un cas bien
déterminé l'obligation pour l'avocat commis d'office à
la Cour d'Assises de faire approuver ses motifs d'excuse
ou d'empêchement, l'on serait tenté de céder aux faciles
sollicitations de l'*a contrario* et de déclarer qu'elle
n'existe pas devant les autres juridictions, pour les
autres causes. Quelques commentateurs de nos règles

parmi lesquels M. le Procureur général Dupin, ont pensé
que c'est effectivement dans ce sens que. devait être
résolue cette délicate question. Ils ont accordé à l'avocat
le droit de refuser la défense dans une cause civile sans
être même obligé de soumettre les motifs de ce refus au
conseil de l'Ordre, ce droit étant un des corollaires de
notre indépendance. Suivant l'opinion que j'oserai for-
muler, il m'apparaît sans contredit que l'avocat est libre
de refuser son ministère sans qu'il lui soit besoin d'en
demander l'autorisation. Mais si une difficulté est soulevée par la partie adverse, le respect des convenances,
qui constitue aussi une de nos règles, commande à
l'avocat d'expliquer les motifs de son refus. Il lui sera
toujours facile de démontrer que son désintéressement
ne peut être soupçonné et qu'il a obéi à des scrupules
ou des mobiles qui l'honorent. Son indépendance ne
subira aucune atteinte, puisque, en tout état de cause, il
ne saurait être contraint de revenir sur sa décision. Et
si l'on considère que ces scrupules ou ces mobiles ne
peuvent être que personnels — car, s'ils étaient d'ordre
général, ils n'existeraient plus longtemps en l'état de
principe même de la défense nécessaire —, on conçoit
aisément, qu'en aucun cas, ils ne priveront une cause de
ses défenseurs naturels.

Lorsque la cause a été acceptée, nos anciens se sont
plu à trouver dans l'indépendance professionnelle le
critérium des devoirs de l'avocat envers ses clients ?
C'est à ces lumières qu'il doit recourir pour obtenir le
dénouement de situations parfois difficile. Il doit en un
mot éviter tout ce qui peut mettre de la dépendance dans
son âme « qui ne dépend que de l'honneur et du
devoir ». Target disait en 1775 : « Ce qui est permis aux

autres ordres de citoyens doit être interdit à celui-ci : signer une lettre de change, prendre une procuration, gérer des affaires, exiger de l'argent, nous les regardons comme des fautes graves, et ceux à qui cette sévérité paraîtra excessive ou ridicule ne savent pas que si la loi retient avec des chaînes, c'est avec des fils que l'honneur gouverne les hommes ».

Je pourrais peut-être, Messieurs, après avoir examiné les manifestations de notre indépendance dans nos rapports avec ceux qui viennent à nous, quitter ce domaine de notre action pour pénétrer selon l'expression d'un ancien dans le « sanctuaire de la famille ». A dire vrai, dans nos rapports confraternels ce n'est point de notre indépendance que procèdent nos devoirs. L'on ne saurait considérer comme une concession de nos libertés cette déférence que nous devons aux anciens et cette obligation morale de les consulter sur les difficultés de notre profession. Rien au contraire ne nous est plus précieux que cet échange mutuel de dévouement, de bons exemples et de confraternité. C'est bien plutôt dans le principe que l'Ordre est maître de son tableau et de sa discipline, malgré la grave atteinte que la jurisprudence porte à ce principe, que se manifeste cette indépendance que j'appellerai intérieure. Vous concevez, Messieurs, qu'il n'est point permis à mon inexpérience d'aborder ce chapitre, comme aussi bien je dois éloigner de moi les arguments qui concilient l'indépendance du Barreau et l'idée d'association professionnelle. Je resterai certes beaucoup plus dans mon rôle après avoir examiné les droits que nous confère notre indépendance de souligner les devoirs qu'elle nous crée.

Source de toutes nos libertés, elle connaît comme la

liberté elle-même de justes limites. Elle ne peut dépasser les exigences du débat judiciaire sans dégénérer en licence et devenir une cause de désordre. Mais jusqu'où peut aller cette liberté ? Les limites n'en ont jamais été fixées. Le législateur lui-même n'a pas cru pouvoir les déterminer d'une manière absolue ; les nécessités de la défense varient tellement dans chaque cause qu'il était impossible de tracer à l'avance des règles certaines.

Deux systèmes se sont alors développés qui réclament l'un la liberté absolue, l'autre la réglementation sévère de la plaidoirie. C'est par application de ce dernier système que l'antiquité plaçait le clepsydre devant l'avocat lui mesurant ainsi la longueur des raisonnements et la durée des mouvements oratoires. Dans ce système, l'éloquence est un délit : « Je ne sais pas pourquoi, disait Filangieri, on punit le défenseur d'un accusé qui tente de corrompre les juges avec de l'argent lorsqu'on lui permet de les séduire avec les artifices d'une éloquence pathétique. » C'est l'école de Platon qui ne voulait pas que le plaideur descendit à de basses supplications *turpiter supplicare*, qu'il provoquat la pitié par des sanglots efféminés *commiseratione muliebriter uti* ; c'est elle qui proscrivait l'éloquence comme une « dupeuse d'oreilles ».

Une pareille doctrine qui frappait au cœur le droit de la défense n'a aujourd'hui plus d'adepte. Reste à la défense une voie plus large où il lui est donné de se mouvoir avec une liberté absolue. Elle se souviendra sans cesse que la courtoisie, les convenances du langage, qu'aucun avocat se respectant lui-même ne sache garder, doivent être scrupuleusement observées envers les représentants de la justice. C'est au fond l'observation toute naturelle de nos règles qui prescrivent l'urbanité la plus complète dans les discussions de confrère à confrère et plus encore envers le tribunal qui nous écoute ou le Ministère Public qui fût autrefois un confrère et qui, ne lui en déplaise, le devient lorsqu'il est notre contradicteur. Sans reprendre la théorie du mandat populaire du Ministère Public chère à la Constituante, ne peut-on pas dire que la mission que l'avocat reçoit du libre choix de ses concitoyens est elle aussi un ministère public ?

Guillaume du Vair, premier Président au Parlement de Provence, écrivait en son temps : « La qualité et dignité de ceux escoutent régit et gouverne la langue de l'orateur, luy apprend cette décence qui est la plus grande et la plus difficile partie de l'oraison ».

Mais cette courtoisie, cette décence du langage ne doivent pas trahir la pensée de l'orateur, paralyser ses élans, éteindre la chaleur de son discours. Il ne faut pas selon l'expression d'un ancien « qu'elles étouffent le merveilleux son que rendent naturellement les grandes âmes ». Pourquoi résisterai-je au surplus au désir de vous citer les lignes admirables que le grand Berryer écrivait à ce propos : « Il ne faut pas comprimer les saillies et les emportements de ceux qui parlent en public et réussissent quelquefois au delà de leur préparation et de leurs pensées. Oui, les vives réparties, les apostrophes véhémentes, les arguments pressants et *ad hominen*, le sarcasme, l'invective même, voilà le souffle vivifiant de l'éloquence judiciaire quand il en faut déployer les maîtresses voiles. Que dis-je, ces saillies de la conviction sont d'improvisés témoignages d'une conscience honnête, c'est le cri du dévouement et du

zèle que l'avocat doit à la cause qu'il a promis de bien
défendre. Tant de gens se persuadent que l'on est sans
réponse contre une objection doctrinale ou personnelle
qui n'est pas réfutée avec une éclatante énergie ».

Pardonnons, Messieurs, au nom de ces paroles, les
fanatiques, les passionnés d'indépendance que chaque
génération du Barreau compte dans ses rangs. Et du
moins qu'il nous soit permis, s'ils sont frappés par la
rigueur des principes nécessaires, de les aimer secrète-
ment et de ne les point abandonner.

Tel est bien, Messieurs, le caractère de la plaidoirie
dont s'honore le Barreau moderne. Répudiant la parole
dogmatique froide et sans mouvement des xvii\ue{} et
xviii\ue{} siècles, il a su dans une langue rapide, claire, ner-
veuse, allier aux prérogatives d'une défense intégrale le
profond respect dû à la magistrature. Il ne croit pas que
la modération exclue l'énergie et l'indépendance, mais
bien au contraire il est persuadé qu'elle leur imprime
une force et une énergie toutes nouvelles. L'heureuse
conciliation de ces principes de liberté et de respect a
donné au Barreau Français cette forte discipline qui en
fait une institution unique en Europe. Il est digne de
notre pays : « Terre des magistrats équitables et des phi-
losophes humains ». Et si l'on a pu dire que l'autorité et
le prestige des magistrats se mesuraient par l'indépendance de ceux qui portent la parole devant eux, leur
gloire sera aussi la nôtre.

A côté de ce devoir, fait de déférence et de respect
envers les représentants de la justice, un autre prend
place qui en est le corollaire en ce sens qu'il suppose
l'accomplissement intégral et simultané du premier pour
pouvoir se manifester. Je veux parler du devoir qui nous

incombe d'obtenir du tribunal d'être écoutés et de ne pas être interrompus.

Le chemin qui conduit la vérité aux intelligences est long et sinueux, et Dieu n'a pas donné à tous les juges l'œil qui voit et l'oreille qui entend, *oculum videntem et aurem audientem*. Avant de toucher le cœur et l'esprit, que d'efforts doivent être déployés, que de résistances vaincues. Il faut que la vérité poursuive vigoureusement sa marche en avant et qu'elle surmonte tous les obstacles.

Bossuet a certes été bien sévère lorsque portant son attention sur les magistrats d'autrefois réunis en tribunal il s'est écrié : « L'un toujours précipité vous trouble l'esprit, l'autre avec un visage inquiet et des regards incertains vous ferme le cœur, celui-ci se présente à vous par coutume et par bienséance et il laisse vaguer ses pensées sans que vos discours arrêtent son esprit distrait ; celui-ci plus cruel encore a les oreilles bouchées par ses préventions et est incapable de donner entrée aux raisons des autres : il n'écoute que ce qu'il a dans le cœur ».

Laissons aux sévérités du moraliste la large part d'affectation qu'elles contiennent et ne retenons de ces paroles acerbes que l'obligation qui s'impose à nous d'obtenir l'attention du juge. Aussi bien les moyens que nous emploierons dans ce but sont parmi ceux qui nous honorent. Le soin de notre préparation, la conscience de nos travaux, notre probité professionnelle plaident d'abord pour nous-mêmes avant de plaider la cause de notre client. L'avocat, a dit Desmarets, doit acquérir et garder l'amour du juge. Il doit avoir la réputation d'un avocat vrai, sans dissimulation ni artifice. Il faut

que sa parole ait l'autorité d'un témoin digne de foi.
J'ajouterai qu'une réputation de clarté et de concision
n'est pas inutile. M. le Bâtonnier Dupin nous en donne
d'excellentes raisons : « Rien ne saurait suppléer, dit-il,
au défaut de clarté. Il n'est pas possible qu'un auditeur
qui hésite sur le sens des mots qu'il a entendus, revienne
sur ses pas et écoute une seconde fois ce qu'un pronon-
ciation rapide a promptement entraîné. La concision
n'est pas moins importante, comparez votre état lorsque
vous lisez avec ce même état, lorsque vous entendez
parler. Quand vous lisez, vous êtes en même temps le
juge et le maître de votre attention. Si dans le cours de
votre lecture il se rencontre un endroit qui vous semble
ou diffus ou prolixe, vous le parcourez rapidement et
vous allez plus loin à l'objet qui vous intéresse. Rien de
ceci n'a lieu quand on est réduit à la fonction d'auditeur,
c'est donc à celui qui parle à employer tous ses soins
pour ne pas fatiguer l'attention du juge ».

Ces conseils qui méritent d'être érigés en règles du
plaidoyer puisque nous les devons à un des chefs de
notre Ordre qui fut aussi l'un des plus hauts magistrats
de notre pays, supposent comme toutes les règles une
autorité chargée d'en assurer l'observation. Il est incon-
testable que le pouvoir de relever tous écarts illicites,
toutes erreurs d'évidence, appartient au juge qui nous
écoute. Il le fera s'il échet avec dignité et bienséance :
tamen cum ingenio et servata semper dignitate judicis.
Mais comme à l'honneur de la profession d'avocat, ceux
qui l'exercent n'oublient pas leurs devoirs jusqu'à ce
point, ces légitimes interruptions ne sauraient retenir
plus avant notre examen. Dans tous les autres cas, ce
devoir de poursuivre dans son intégrité la défense qui

nous est confiée nous constitue les premiers, les seuls juges de nos moyens. L'interruption, si elle n'est pas toujours blessante pour l'avocat, est toujours une atteinte au droit essentiel de la défense et à l'intérêt des justiciables.

Qu'il s'agisse d'une invite à finir bientôt, de la parole retirée pour aller directement « aux opinions », ou de questions posées, ou de lecture de pièces subitement demandée, toutes ces objections sont fâcheuses, incommodantes, et semblent faire du juge un adversaire. Il n'en est certes qu'apparemment ainsi et l'énergie respectueuse que nous apporterons à lui résister nous conciliera bien souvent sa conscience qui réprouvera bientôt une impatience passagère. Et c'est bien je crois à cet état d'impatience, éternel comme notre complexion, qu'il faut rapporter dans presque tous les cas la cause de l'interruption. S'il en est ainsi, il ne faut pas nous dissimuler qu'en dépit de nos observations le jour où nous pourrons plaider sans être interrompus est encore lointain.

Pourtant, Bretonnier « advocat en Parlement » affirme dans ses observations que la mode d'interrompre est sans exemple dans l'histoire des tribunaux anciens et qu'elle commença à se répandre au début du XVIᵉ siècle. Il cite à l'appui de sa thèse l'exemple de Cicéron recommandant à son frère Quintus, préfet en Asie, d'écouter patiemment les orateurs et de les laisser parler toutes les fois et aussi longtemps qu'ils le voulaient. Bretonnier ajoute que les Empereurs même ne croyaient pas que les interromptions leur fussent permises, et il rapporte à ce sujet les paroles de Pline Le Jeune, avocat, louant Trajan en son panégyrique de ce qu'il ne se servait point de sa puissance pour mettre fin aux discours de ceux qui parlaient devant lui. Cette concession si sage, si nécessaire de la puissance souveraine, fût bientôt introduite dans la loi elle-même. La loi *de officis proconsulis* porte en effet que les proconsuls doivent écouter les avocats avec patience : *circa advocatos patientia esse proconsulem opertet.*

A la vérité les avocats romains plaidaient très longuement et s'il faut en croire Quintilien, c'était une gloire pour l'avocat d'avoir plaidé toute la journée pour une seule partie.

A mesure que ces habitudes de prolixité encore à l'honneur au xve siècle disparaissaient, il a semblé que le désir d'interrompre jusque là contenu se fût donné libre cours. Pierre Nicolas Berryer, qui compte parmi d'autres titres de gloire celui d'être le père du grand Berryer, rappelle avec regret dans ses souvenirs le temps lointain « où les plus nobles exemples de religieuse attention étaient donnés par les magistrats eux-mêmes qui très souvent se réunissaient à quatre heures du matin pour vider les procès que de longues plaidoiries ne leur avaient pas permis de juger du siège. Jeunes et vieux étaient sur pied, la plupart avaient 25 ou 30.000 francs de rentes et plus. Le procureur général venait au parquet de grand matin, en hiver avec sa lanterne, et pointait les conseillers qui arrivaient tard à l'audience ». A lire les plaintes que Loysel place dans la bouche de son fils au cours de ces admirables « dialogues des advocats », l'on suppute à quel degré dans l'abus ces interruptions atteignirent au xvie siècle : « Eh ! où est l'honneur que j'ai entendu de vous mon Père avoir esté autrefois au Palais et la faveur que Messieurs les Présidents portoient aux jeunes advocats de votre temps, les escoutant doucement, supportant et excusant leurs fautes et leur donnant courage de mieux faire, au lieu que maintenant il semble à quelques-uns que nous soyons d'autre bois ou estoffe qu'eux, et quasi des gens de néant, nous interrompant et rabrouant à tout bout de champ, nous faisant parfois des demandes qui ne sont nullement à propos et non seulement à nous autres jeunes gens qui le pourrions quelques fois l'avoir mérité, mais bien souvent aux anciens, et à ceux qui entendent si bien leurs causes que ceux qui leur avaient fait ces interrogatoires et interruptions avaient eux-mêmes tort et non les advocats plaidant qui se trouvaient n'avoir rien dit qui ne fût pertinent et nécessaire à leur cause ».

S'il nous est permis de relire aujourd'hui ces plaintes amères c'est bien pour nous féliciter de n'avoir plus à les proférer et pour souhaiter dans l'avenir que l'interruption soit définitivement proscrite de nos prétoires, sinon par la loi comme à Rome, du moins par cette vertu de patience, la première que doivent posséder les bons serviteurs de la justice.

J'en ai fini, Messieurs, avec l'étude dans son principe de cette indépendance du Barreau, source de tous nos droits et de tous nos devoirs, conditions de la vitalité de notre Ordre, souveraine garantie du droit naturel de libre défense.

Fort de votre bienveillance et de cette vertu de patience qu'en « loyaux advocats » vous possédez tous, qu'il me soit permis de vous convier maintenant à rechercher par quelles vicissitudes notre indépendance a passé et par quels efforts constants le Barreau est parvenu à la maintenir.

***

Gœthe mourant laissait tomber de ses lèvres ces mots qui résumaient sa vie : « J'ai été un homme ce qui veut dire un lutteur ».

Combien cette admirable définition me paraît convenir à ceux qui, à toutes époques, non contents d'assurer la défense de leurs concitoyens, ont lutté contre des influences diverses pour donner à leur Ordre cette constitution particulière qu'ils considéraient comme l'armature indispensable à l'accomplissement de leur mission. Cette histoire de leurs luttes pour l'indépendance, superbe et douloureuse épopée de la robe, les froides paroles du poète mourant la portent enclose dans leur généralité. Elles mériteraient de s'inscrire au fronton du monument de leur gloire.

L'histoire de notre Ordre se confond avec celle de son indépendance. Essayer de la mieux connaître n'est pas sacrifier au désir d'une vaine curiosité. C'est vouloir mieux approfondir notre caractère en s'attachant à la recherche de ses origines. C'est vouloir mieux connaître notre Ordre pour le mieux aimer.

Il m'eût été facile de puiser dans l'état des Barreaux de Rome et d'Athènes ces admirables traits de l'Antique qui coulaient déjà en impérissable airain les principes d'indépendance de notre profession. Dans le cadre étroit de cet entretien j'ai préféré sertir les récits et les enseignements que la riche histoire du Barreau de notre pays nous offrait si généreusement.

Il est bien difficile de pénétrer les ténèbres qui couvrent les premiers siècles de notre histoire. La Gaule romaine fût cependant au dire de Juvenal la pépinière des avocats et forma à l'éloquence le peuple naissant de la Terre des Angles. *Gallia causidicos docuit facunda Britannos.*

Après l'invasion des Francs, peuple du Nord et sous la compression féodale, cette faconde rectifiée par l'influence romaine dût singulièrement se calmer. Puis ce furent les jugements de Dieu remplaçant les plaidoyers. Il est cependant certain que les avocats existaient alors : Les capitulaires de Charlemagne et de Charles Le Chauve en font souvent mention. On lit en effet dans une ordonnance de 1274 le règlement suivant : « Que l'on commence par mettre en écrit le nom des avocats et qu'ensuite on rejette ceux qu'on désapprouve pour choisir les aptes et suffisants à cet office ». Elle porte également que les avocats tant du Parlement que des bailliages et autres justices, jureront sur les évangiles qu'ils ne se chargeront que de causes justes ; que les avocats qui ne voudraient pas faire ce serment seront interdits jusqu'à ce qu'ils l'aient fait.

Cependant même à cette époque les avocats ne formaient pas une corporation ni une société dans le sens légal de ces qualifications. Ils n'étaient liés entr'eux que par l'exercice du même ministère, par le même dévouement à la défense de leurs concitoyens, par les mêmes devoirs et par une grande sévérité à maintenir entr'eux la délicatesse et la pureté de leurs maximes. Mais que dire de leur indépendance qui ne pouvait être que la manifestation de leur caractère personnel ?

Si nous n'en pouvons relever aucune affirmation collective il nous est néanmoins précieux de recueillir les exemples individuels que le chroniqueur nous a transmis. L'un des plus frappant est certainement celui de Me Jehan Mauvelet, advocat au Parlement en l'année 1304.

Le chroniqueur nous le montre vivant dans sa maison aux pignons placardés de thèses de droit, de philosophie et de théologie, tribut rendu à son talent par ses jeunes confrères. Sa chambre de retrait ou cabinet communique avec la chambre de clientèle ou d'attente grande comme quatre argumentations sorbonniques cousues ensemble. Aucun luxe ne régnait dans le logis, cependant tapissé de cuir de Hollande suivant l'usage du temps. Seule la chaire du Maître était ciselée avec grand art et témoignait de l'artifice merveilleux des sculpteurs boisiers de l'époque. Outre ce meuble qui en était la maîtresse pièce, la chambre de retrait s'ornait d'une grande table couverte d'étoffe noire, d'une escabelle pour les plaideurs et de nombreux sacs où étaient enserrées et cachetées les pièces de chaque client. Enfin une armoire de bois à la devanture formée de carreaux de corne très minces laissait voir de nombreux rouleaux de parchemins, seuls livres de l'époque. C'était les codes de Justinien et de Théodose, les textes des capitulaires de Charlemagne, les recueils des ordonnances de Saint-Louis, enfin quelques fragments de Demosthène, de Ciceron et de Tacite. L'amour de l'étude et de la réflexion était si fort dans le cœur de Me Mauvelet qu'hormis les heures qu'il était obligé de consacrer aux audiences du Parlement et à sa vie matérielle, il ne sortait guère de sa chambre de retrait. De six heures à dix heures, Me Mauvelet recevait ses clients et préparait ses plaidoiries. A onze heures, l'avocat revêtant sa robe sortait de sa maison et montait sur sa mule, entouré de ses valets pour se rendre au Parlement. Habituellement il trouvait au seuil de son logis une grande quantité de gens qui lui faisaient cortège. C'était des plaideurs dont il devait ce jour-là défendre les intérêts, des étrangers que son éloquence et sa réputation avaient attirés, des jeunes gens de la Basoche qui se le proposaient pour modèle et pour exemple. Suivi de cette pacifique escorte, Mᵉ Mauvelet se rendait au Parlement pour là se livrer avec zèle et foi, avec talent, à la profession dont il rehaussait la dignité et l'éclat. Il plaidait jusqu'à trois heures de l'après-midi. L'audience levée, Mᵉ Mauvelet retournait à son logis toujours accompagné de son cortège et recevait à l'ordinaire les congratulations de ceux dont il avait sauvé l'honneur ou les biens. Pénétrant dans son logis il s'y livrait jusqu'à neuf heures du soir aux études de sa profession. On ne dérangeait pas l'avocat dans sa retraite et en vérité si on lui fût venu annoncer au milieu de ses chers écrits que sa maison était en flammes, sans doute eut-il répondu comme le philosophe antique : « Avertissez ma femme, les choses du ménage ne sont pas de moi ».

Cependant certain soir son fils tout pantois de crainte entra, malgré la défense, dans son cabinet, et lui annonça qu'un haut seigneur entouré d'écuyers demandait à l'entretenir. Avant qu'il ait eu le temps de répondre, Mᵉ Mauvelet vit s'avancer un personnage de haute stature, vêtu d'un hoqueton de velours bleu et coiffé d'un chaperon fourré d'hermine. Je suis, dit-il, Raoul De Nesles, Connétable de France. C'était un de ces rudes et hardis guerriers qui mettaient avant toutes choses le droit de la force. Mᵉ Mauvelet, reprit le Connétable, j'ai par la Cour un neveu que j'aime comme un fils. C'est un mauvais garçon, j'en conviens, mais enfin je l'aime. Ce neveu qui a nom Gaspard de Surgy s'est couvert de gloire il y a quatre mois à la bataille de Mons. A son retour à Paris, le gars se livrant plus que jamais à ses penchants sataniques, a commis une récente espièglerie... Permettez-moi d'achever, Messire Connétable, interrompit Mᵉ Jehan Mauvelet : le comte Gaspard de Surgy s'est introduit de vive force et pendant la nuit dans la maison d'un honnête bourgeois, Simon Doinville, il a violé la fille et prétendant què la noce faite il était juste de toucher la dot, il s'est emparé de trois cents écus d'or et de cinquante livres d'argenterie. Un procès criminel a été intenté au comte Gaspard en la Cour du Parlement et je soutiendrai leurs droits devant Messeigneurs ayant eu l'honneur d'être choisi par le Bourgeois Doinville et sa fille pour suivre leur requête. — C'est parce que vous êtes l'avocat de ce bourgeois que je suis céans, dit le Connétable. Obligez moi de remettre à un autre le soin de le défendre et je vous dédommagerai amplement de la brèche que votre intérêt en pourra souffrir. — A dieu ne plaise, dit l'avocat dont le front pâlit d'indignation, à dieu ne plaise que j'abandonne une cause qui m'a été confiée. Quel pourrait être ce dédommagement Messire. Pourriez vous baillonner la voix de ma conscience. — Un autre que vous serait moins difficile Mᵉ Jehan, dit le Connétable. — Vous vous trompez, Messire, il n'est pas un avocat qui fût capable de cette action. — Ainsi Mᵉ Jehan, vous persistez à vous charger de l'affaire. — Oui, Messire, quand une cause est juste je la défends, serait-ce contre le roi, si tant est que le roi put avoir jamais aucun tort. — Vous pourrez vous en repentir Me Jehan, d'ailleurs il se passera du temps avant que l'affaire s'inscrive au rôle. Votre éloquence aura le loisir de se mettre au vert. Par la part que j'espère posséder un jour en Paradis, je n'ai jamais rencontré d'homme aussi récalcitrant que vous êtes Me Mauvelet. Mais voyons, écoutez-moi, il se trâme en cour une grande entreprise, cessez d'être l'avocat de Doinville et je vous fais nommer l'un des commissaires examineurs de l'affaire. Me Jehan Mauvelet le front calme se prit à sourire et répondit par un signe de tête négatif. — Sus, puisque vous êtes aussi entêté que l'âne de Balaam, reprit Raoul De Nesles en se levant, je vous laisse Me Jehan, mais soyez sûr que je conserverai toujours un vif ressentiment de votre conduite et que je saurai m'en venger. — Monsieur le Connétable, dit alors l'avocat, l'homme qui sait résister à des paroles de corruption n'a pas de peine à mépriser les menaces. Restez Connétable de France, couvert de gloire et de renommée, mais laissez-moi demeurer loyal avocat. Je sais néanmoins qu'un moyen existe d'arrêter court le procès intenté par le Bourgeois à votre neveu. Ce moyen est selon Dieu et selon la justice, il ne tient qu'à vous de l'accepter : Que le comte Surgy, votre neveu, épouse la fille qu'il a déshonorée. — De par le diable, reprit le Connétable, j'aimerai mieux voir Gaspard vingt fois mort. — C'est ce que vous verrez assurément, interrompit l'avocat, et dans huit jours votre neveu sera pendu haut et court. A ces derniers mots prononcés avec quelque véhémence, l'exaspération du Connétable ne connut plus de bornes, il blasphéma, se redressa d'un bond sur le plancher et s'avança la main haute sur l'avocat qui, le front calme, l'attendait debout

dans la ferme résolution de repousser la force par la
force. L'excès même de ces paroles ramena soudain au
calme le vieux Connétable. Toisant l'avocat il se retira
lentement sans mot dire. Huit jours après la cité reten-
tissait des cris d'allégresse. C'était le jour des accordail-
les de Clotilde Doinville et du comte Gaspard de Surgy,
c'était aussi le jour de réception du riche Doinville au
nombre des Echevins. Et le chroniqueur termine sa
relation par ces mots : « Les plus belles plaidoiries des
avocats ne se font pas toujours devant les juges »,
comme aussi bien leur indépendance se manifeste dans
toutes les circonstances de leur état. Jehan Mauvelet fut
le premier titulaire de la dignité de l'Ordre : le Bâtonnat. Son épitaphe s'orne encore de l'hermine et des deux
bâtons en sautoir.

Aux Mercuriales de Mai de l'année 1602, le Parlement
rendit un arrêt enjoignant désormais aux avocats : « De
signer les délibérations, inventaires et austres escritures
qu'ils feront pour les parties et au-dessous de leur seing
escrire et parapher de leur main ce qu'ils auront reçu
pour leur salaire et ce sous peine de concussion ». Il fût
enjoint à ceux qui n'y voudraient pas obéir de le déclarer pour être rayés de la matricule et interdits des
fonctions d'avocat. Grand fut le trouble que causèrent
au Palais ces dispositions. Les avocats se sentirent vivement offensés dans leur honneur professionnel de ce
que l'on traitait comme un gain limité et mercenaire
l'honoraire, récompense de leur travail laissé à la
discrétion des parties.

Or donc, s'étaient assemblés en la chambre des consul-
tations au nombre de trois cent sept, nos confrères
résolurent tous d'une commune voix de renoncer

publiquement à leur profession. A cet effet, ils s'en allèrent deux par deux au Greffe de la Cour faire leur déclaration plutôt que de souffrir un règlement qu'ils estimaient si préjudiciable à leur honneur.

« Cette émotion » des avocats selon le vocable dont Loysel qualifie leur geste — peut-être dirions-nous aujourd'hui cette grève — cette émotion, dit-il, ne fut pas de si petite conséquence qu'elle n'apportât beaucoup de confusion non seulement au Palais, mais aussi dans la ville. Le cours de la justice fut arrêté, les audiences cessèrent d'être tenues, les plaideurs manifestèrent hautement leur mécontentement et peu s'en fallut que ce trouble ne causa une seddition dans la cité. Le roi lui-même qui villégiaturait à Poitiers s'en émut et interposa son autorité. Il envoya de sa bonne ville une déclaration très prudente et judicieuse dans laquelle, pour mettre d'un côté à couvert l'honneur de ses officiers, il confirmait l'arrêt qui avait été rendu par la Cour et d'un autre il rétablissait en même temps les avocats qui avaient été interdits de leurs fonctions leur donnant le pouvoir de les exercer comme ils faisaient auparavant.

Grâce à cette déclaration d'une diplomatie simple et subtile, que chacun interpréta à sa manière, tout le monde parut content et ainsi peu à peu chacun s'en retourna au Palais sans qu'il fut plus parlé du règlement.

Telle fut, Messieurs, la première consécration officielle, si je puis dire, de notre indépendance. En un temps où toute velléité de liberté était considérée comme une rebellion, sachons gré à ceux qui — « Doyen » Bastonnier et quinze des plus anciens » — surent affirmer au mépris de leur existence professionnelle ce grand principe vital de notre Ordre. Et qu'au delà des trois siècles qui nous séparent de leur superbe attitude l'hommage de notre admiration s'élève vers leur impérissable souvenir.

Notre histoire se devait à elle-même d'offrir en partage à nos méditations quelque trait d'indépendance de notre Barreau Provençal. Elle n'y a point failli. Aussi bien peut-on retrouver dans les registres du Parlement d'Aix le récit de la courageuse abstention de ses avocats au cours de l'année 1704.

Monsieur le Président du Parlement, soucieux de l'expédition rapide des affaires, fixait avec parcimonie aux avocats le temps de leurs plaidoiries. Dans maintes occasions il affirma si vivement son désir que le Barreau blessé dans sa dignité refusa de se rendre aux audience. M. le Chancelier de Pontchartrain engagea le Parlement à mettre fin à cette brouille et à ramener, disait-il, « le Barreau par quelque marque de bienveillance envers un Ordre qui mérite de la considération par lui-même ». Le Barreau revint en effet aux audiences, mais le Président du Parlement ayant dit que les choses n'allaient pas plus mal sans les avocats, le Chancelier lui répondit: « Je vous félicite sur l'heureux succès des vues que vous avez eues concernant les avocats, mais si j'ai de la joie qu'ils aient repris l'exercice de leurs fonctions, c'est beaucoup plus pour le bien de la justice, que pour toute autre raison, car quelque chose que vous disiez je ne puis être de votre avis sur l'inutilité des avocats dont le ministère a toujours été considéré comme nécessaire et indispensable pour l'administration de la justice. Je vous avoue que je suis surpris que vous pensiez et que vous parliez autrement, surtout dans la place que vous occupez et que vous vouliez me persuader que pendant qu'ils ont cessé de faire leurs fonctions, la justice n'a pas été administrée dans votre compagnie avec moins de décence et de dignité ».

Pourquoi faut-il qu'en fin du xviiiᵉ siècle, par un inconcevable illogisme, l'Assemblée Constituante qui proclamait par ailleurs le droit pour chacun d'être défendu par celui qui lui paraissait « le plus éclairé, le plus humain », se soit attachée à détruire jusque dans ses fondements notre Ordre dont le but était de préparer à la défense des citoyens, des hommes qui pussent l'assurer honorablement. Mieux vaut chercher dans un ressentiment politique la raison de la suppression des avocats qu'elle édicta. Il lui apparaissait en effet que le Barreau intimement lié à la vie des parlements était suspect des mêmes torts et des mêmes fautes et devait subir les mêmes sanctions.

Le décret du 2 décembre 1790 intervint alors dans cette forme symbolique qu'affectionnait le législateur révolutionnaire enlevant aux avocats leur costume « parce qu'ils ne doivent, disait-il, former ni ordre ni corporation ».

Cependant l'excès du mal imposa bientôt à l'esprit des réformateurs la nécessité de restituer au Barreau sa constitution et ses anciennes prérogatives, mais ce retour aux saines traditions se heurta là aussi à ces sentiments qui plus forts que les principes sont des dissolvants du progrès.

Un gouvernement plus libéral, celui de la Restauration, rendit pour partie au Barreau les libertés nécessaires à son existence. Dans son rapport de 1822,

M. de Peyronnet s'exprimait ainsi : « Cette profession a des prérogatives dont les esprits timides s'étonnent, mais dont l'expérience a depuis longtemps fait sentir les nécessités. L'indépendance du Barreau est chère à la justice autant qu'à lui même ».

Pendant la Restauration il sembla que la barre fut devenue le dernier refuge, l'asile inviolable de la liberté. Lorsque la tribune était silencieuse, c'est à la barre que se dressaient ceux qui refusaient de se taire quand il y avait une injustice à stigmatiser un droit méconnu à dénoncer. C'est toujours la noble et courageuse indépendance de l'Ordre qui se manifeste.

La tradition immémoriale du Barreau est d'opposer à la force des Gouvernements les droits imprescriptibles de l'individu. Le courage de la Révolution n'est alors plus nécessaire, mais c'est l'indépendance qui s'exalte.

Elle seule qu'un gouvernement ne peut baillonner sans se condamner lui-même, abrite sous sa parole ailée ses sœurs persécutées. Le pays la suit dans les débats qu'elle anime. C'est l'époque mémorable où l'opinion se passionnait aux accents de celui qu'on appelait le grand Crémieux.

Puis ce fut un jeune avocat, Gambetta, qui soudainement allait connaître la célébrité. Chargé par Crémieux de défendre Delescluze poursuivi pour « manœuvres à l'intérieur », sa plaidoirie retentit comme un coup de tonnerre dans la France entière. Vous connaissez ses harangues enflammées, ses attaques véhémentes qui semblant s'élever au-dessus de notre indépendance professionnelle pour atteindre à cette liberté de l'expression politique qui ne connaît plus de bornes et qui nous échappe.

Après ? C'est l'époque contemporaine, celle qu'ont vécue les éminents anciens de notre Ordre ; ce sont les grandes affaires qui ont ému l'opinion et secoué le Parlement : scandales politiques, cataclysmes financiers, procès émouvants, retentissants et où s'affirmait superbe leur indépendance. Il appartiendrait à leur voix plus autorisée que la mienne de les faire revivre à vos yeux. Et déjà notre Barreau, sous la plume de Monsieur le Bâtonnier, a l'heureuse fortune de retrouver ses membres les plus éminents notés au coin d'une fine et pénétrante observation, pendant les dernières années de l'Empire et les premières de la République.

Pour moi qu'il me soit seulement permis, au terme de ces considérations, d'inscrire au bas de la dernière page, la plus glorieuse, la plus émouvante de l'histoire de notre Barreau, celle où sont simplement tracés les noms des nôtres qui ont tout donné pour la France, d'y inscrire les mots de pieuse reconnaissance et de douloureux souvenir qui de nos cœurs fraternels montent vers eux. Au foyer de notre Ordre ils avaient appris que rien ici bas ne vaut qui ne soit honneur et devoir. La voix de la conscience leur était familière. En l'écoutant ils sont allés au sacrifice total, comme aussi bien elle les eut conduit à cette indépendance qui les passionnait, s'ils avaient vécu. A l'école de leur souvenir et des glorieux exemples qu'ils nous ont légués, nous saurons, jeunes avocats, rester dignes d'eux et des grands ancêtres qu'ils ont égalés.

*
**

Monsieur le Bâtonnier,

La fonction de lauréat comporte deux honneurs :

« L'un est lourd de périls et l'autre lourd de joies ».

Souffrez qu'après avoir sacrifié au premier j'use du plus agréable en saluant, au nom du Stage, votre arrivée au Bâtonnat.

Nous sommes heureux, mes confrères et moi, de pouvoir vous exprimer en cette circonstance solennelle les sentiments de déférente sympathie et de respectueuse estime que nous ressentons pour vous. Et c'est une fierté particulière pour celui qui a pensé vous entretenir de notre indépendance de rendre hommage ici, non seulement aux hautes qualités professionnelles qui vous ont conduit à la tête de notre Ordre, mais aussi à cette vertu d'indépendance que vous possédez au plus haut point et dont vous êtes parmi nous la vivante illustration. Dans les difficultés de notre vie professionnelle pour nous défendre et peut-être parfois pour nous blâmer, elle saura vous suggérer toujours la solution équitable et qui sauvegarde la renommée et la grandeur de notre Ordre.

Épris de tradition, observateur scrupuleux de nos règles, vous en devenez aujourd'hui le gardien fidèle. Votre carrière exemplaire toute de probité et d'inflexible droiture comme la sympathie que votre courtoisie a su vous conquérir vous devaient ce couronnement.

Je vous souhaite, Monsieur le Bâtonnier, de recueillir longtemps encore parmi vos confrères ces témoignages de considération et d'estime affectueuses qui sont la récompense méritée d'une haute distinction d'esprit et de rares qualités de cœur.

*
* *

MONSIEUR LE BATONNIER NATHAN,

En écoutant mon confrère et ami M⁰ Carabelli vous rendre l'an dernier à cette place un juste et éloquent tribut d'hommages, je ne pensais pas que semblable honneur me serait dévolu aujourd'hui.

Je m'en félicite de tout cœur puisqu'il me permet de vous remercier une fois encore de la bienveillance que vous n'avez cessé de nous témoigner au cours de votre Bâtonnat.

Nul parmi nous n'oubliera l'autorité souriante avec laquelle vous présidiez à nos réunions hebdomadaires. Par la grâce de votre esprit spontané, riche des plus brillantes ressources, vous avez su conférer aux questions juridiques les plus arides que nous discutions l'intérêt et le charme de votre personnalité. Vous aviez le don de dégager de la discussion cette philosophie du droit qui s'attache à déceler la vie même d'une théorie ou d'un état de la jurisprudence au lieu d'en constater seulement la dernière et monotone étape. Vous avez eu, en un mot, le rare talent de rendre attrayante la conférence.

Le titre que vous avez ainsi acquis à notre gratitude, parmi tant d'autres plus sérieux, restera peut-être celui qu'il vous sera le plus agréable de nous entendre rappeler.

Et le temps passé auprès de vous nous a permis de mieux comprendre comment dans notre profession l'on pouvait allier à l'autorité du talent et du caractère le geste accueillant et qui encourage. Par votre exemple, vous nous avez appris à mieux aimer notre état. Nous vous en remercions de tout cœur.

*
**

Mes Chers Amis du Stage,

A vous mon dernier mot : Vous l'auriez trop long-temps attendu sachant que le chemin est court qui va du cœur aux lèvres pour les sentiments faits de sincé-rité, si votre jeunesse n'acceptait d'un cœur léger la dernière place.

Mes sentiments de reconnaissance pour vous vivent hors du temps, mais peut-être n'en va-t-il pas de même de l'attention trop bienveillante que vous m'avez portée jusqu'ici.

Aussi laissez moi très simplement vous dire tout le prix que j'attache à l'honneur que votre indulgente amitié m'a décerné. C'est à elle que je veux le devoir car elle est bien ici-bas, le seul bonheur qui vaille la peine d'être recherché. A nous surtout qui avons commencé notre stage au lendemain de la Victoire elle nous appa-raît comme la continuation de ces liens de fraternité que nous avons noués sur les champs de bataille. Puissent-ils aller sans cesse en se resserrant ! Et lorsque plus tard, au déclin de notre carrière que nous voulons animée des nobles exemples de nos Anciens, nous nous plairons à regarder le passé, puisse le souvenir de nos amitiés de jeunesse nous consoler d'occuper alors la première place.

ORDRE DES AVOCATS DE MARSEILLE

EXTRAIT DU REGISTRE

DES DÉLIBÉRATIONS DU CONSEIL DE L'ORDRE DES AVOCATS

INSCRITS AU BARREAU DE MARSEILLE

Séance du 23 Mars 1923

Etaient présents : Mᶜ CORTICCHIATO, Bâtonnier de l'Ordre, président ; MM. les Bâtonniers PÉLISSIER et AICARD, Mᵉˢ BOYER, SÉGUIN, DAVID, BORDE, CASIMIR, JOUVE et VIN-VIAL.

. . . .

Sur rapport favorable de Mᵉˢ AICARD et DAVID, le Conseil, à l'unanimité, vote l'impression, aux frais de l'Ordre, du discours de Mᵉ Jean ANSALDI, lauréat de la conférence.

Le Secrétaire,

VIN-VIAL.

Le Bâtonnier,

CORTICCHIATO.

Imprimerie
du "Sémaphore"
Barlatier
17-19, rue Venture
Marseille